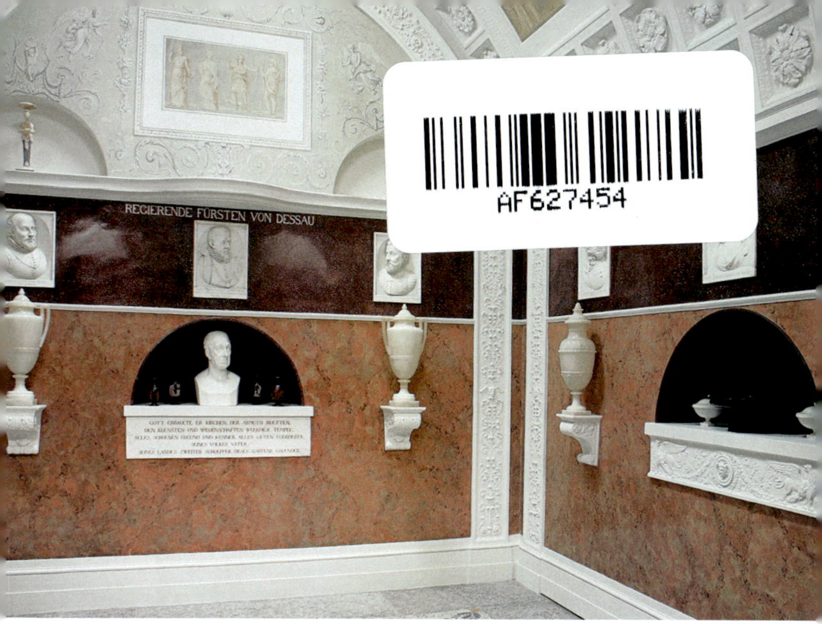

▲ *Blick in den gewölbten Innenraum*

Bereits die Inschrift *»Meinen Vorfahren. Franz«* über dem Eingang verweist auf die Bestimmung des Bauwerks als Stätte der Erinnerung an die Regenten des Fürstentums Anhalt-Dessau. Würde und Ernst, durch die strengen Formen des Sandsteinportals mit ionischen Säulen und einem Dreieckgiebel vermittelt, begleiten den Eintretenden in den quadratischen, gewölbten Innenraum. Seine effektvolle Beleuchtung erfährt der Raum durch zwei Oberlichter in der Gewölbetonne. Im antiken Sinne sind die Wände von verzierten Pilastern gerahmt, die Flächen dazwischen mit Stuckmarmor bekleidet, unten in gelbbraunen Tönen, über einem schmalen Profilband als Granitimitation. In diese Wandfelder ließ Franz durch Friedemann Hunold Bildnisreliefs seiner Vorfahren einfügen. Kurze Inschriften charakterisieren deren Wirken. Von der Innentür aus fällt der Blick geradewegs auf ein Porträt des ältesten dieser Ahnenreihe, des Fürsten **Joachim Ernst** (1536 bis

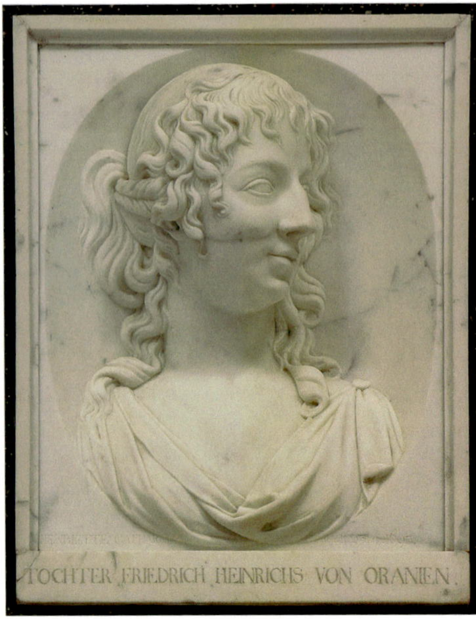

▲ *Henriette Catharina (1637–1708, reg. 1693–1697)*

1586). In der dynastischen Geschichte der Askanier gewann er 1570 eine besondere Bedeutung, denn: *»Anhalt, zuvor zertheilt, vereinte er. Ihn nannte vertraulich Frankreichs großer Heinrich Vater.«*

Der über die Landesgrenzen hinaus bekannte »Alte Dessauer«, Fürst **Leopold I.** (1676–1747), wird erwähnt als *»Schöpfer der preußischen Kriegszucht«* und *»Staatswirthschafter«*. Hervorragende Wertschätzung genoss seine Mutter **Henriette Catharina** (1637–1708, reg. 1693 bis 1697), aus dem berühmten Geschlecht der Oranier stammend, die einzige Dame im Kreise der Regenten von Anhalt-Dessau. Ihr ist die Errichtung des barocken Ensembles von Stadt, Schloss und Park Oranienbaum zu verdanken. Die niederländische Prinzessin war verheiratet mit **Johann Georg II.** (1627–1693), dem *»Statthalter der Mark Brandenburg unter dem großen Churfürsten, seinem Schwager«*. Auf ihn ging die

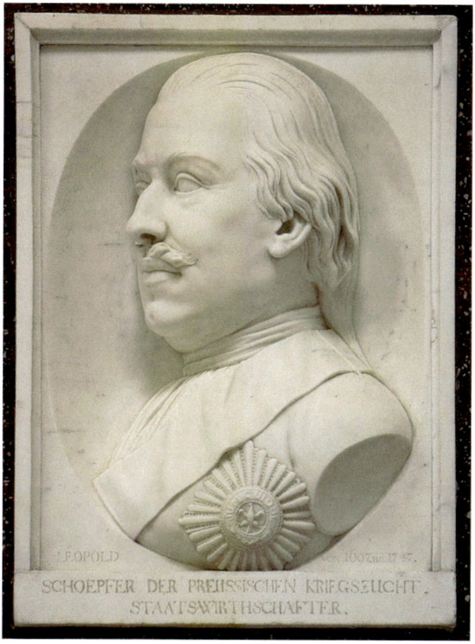

▲ *Leopold I. (1676–1747), der »Alte Dessauer«*

lang währende politische und militärische Verbindung Anhalt-Dessaus mit Brandenburg-Preußen zurück. Schließlich endete die Reihe der neun Reliefbildnisse mit dem des Erbprinzen **Friedrich** (1769–1814). *»Des regierenden Vaters treue und kräftige Stütze in stürmischer Zeit«*, gemeint ist die napoleonische, war bereits drei Jahre vor dem Fürsten Franz gestorben. Dieses Wandfeld hatte Franz frei gehalten; offenbar sollte es sein eigenes Porträt aufnehmen. Nach seinem Tod wurden in die Nordwand schließlich noch Bildnisreliefs zweier Nachfolger eingefügt und bis ins 20. Jahrhundert hinein Büsten weiterer Regenten aufgestellt. Große Alabastergefäße auf Wandkonsolen, Keramiken der Wedgwood-Manufaktur und andere Gefäße verleihen dem Raum Würde und Anmut, mögen zugleich auf die prägenden Reiseerlebnisse des Bauherrn in Italien und England hinweisen.

Andere Gestaltungselemente beziehen sich wiederum deutlicher auf den Charakter der »Ahnenhalle«, so der Fußboden. 1926 war er erneuert worden. Wie sich bei der Instandsetzung des Gebäudes nach der Hochwasserflut des Jahres 2002 herausstellte, befand sich, recht gut erhalten, der originale noch darunter. Mit einigem Aufwand gelang es, den farbigen Gipsestrich freizulegen und zu restaurieren. Im Zentrum der Fläche liegt das anhaltinische Hauptwappen mit dem sächsischen Rautenschild und dem brandenburgischen halben roten Adler. Dieses Herzschild, vom Herzogshaus Anhalt als kleines Wappen geführt, verweist auf **Albrecht den Bären** aus dem Geschlecht der Askanier (um 1100–1170). Albrecht hatte wesentlichen Anteil an der Begründung des Fürstentums Anhalt und führte die Titel des Herzogs von Sachsen und eines Markgrafen der Nordmark, dann des Markgrafen von Brandenburg. In einem Kreis sind die acht Einzelschilde angeordnet, darunter drei »Anspruchswappen«, die das Weiterbestehen von Herrschaftsansprüchen auf die mittelalterlichen Herzogtümer Sachsen, Engern und Westfalen augenfällig dokumentieren. Sie wer-

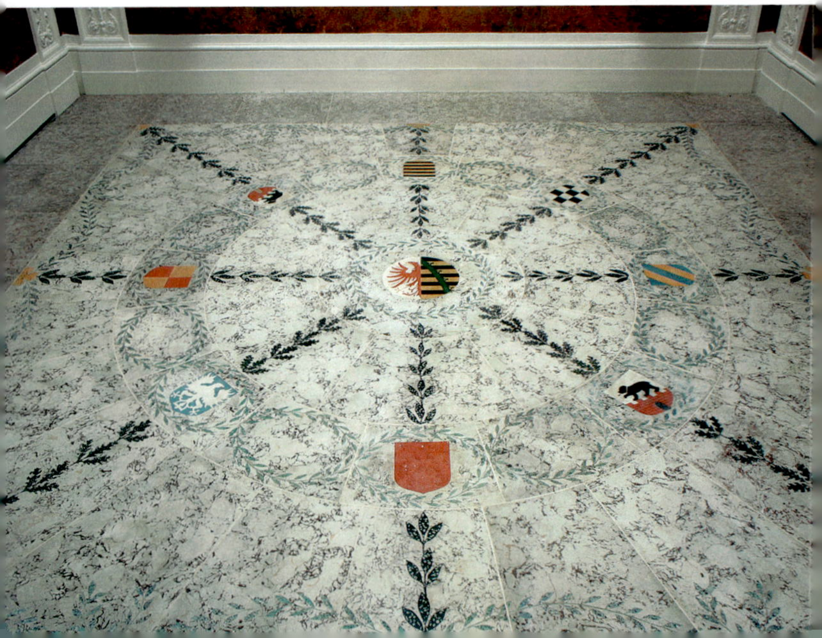

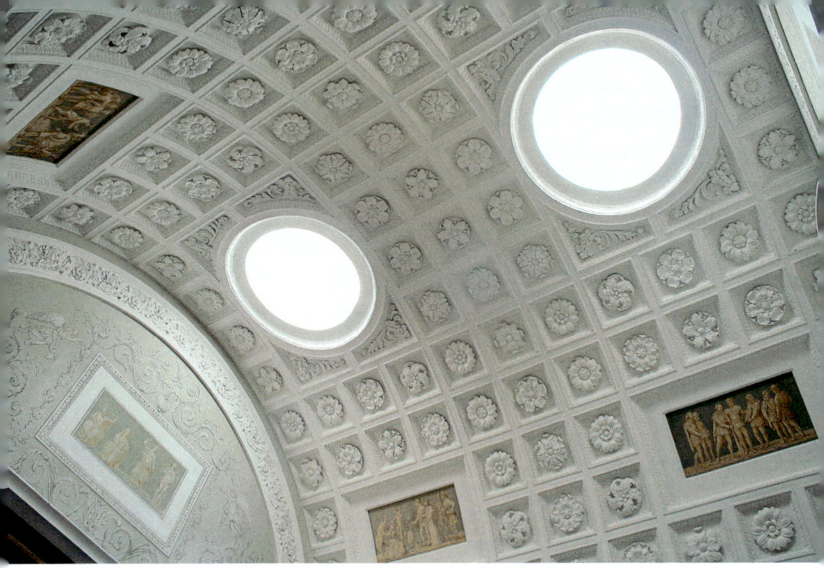

▲ *Kassettengewölbe mit Oberlichtfenstern*

den begleitet von Lorbeer- und Eichengirlanden, uralten Ruhmes- und Ehrenzeichen, den Symbolen für Sieg und Triumph, Männlichkeit und Beharrlichkeit, für Unsterblichkeit.

Ein kraftvoll stuckiertes Kassettengewölbe überspannt den Raum. Die Ausbildung der Kassetten und der Rosetten darin sind einem Kupferstich aus Robert Woods zeitgenössischer Publikation über die römischen Ruinen im syrischen Palmyra entlehnt. Von den vier ins Gewölbe eingefügten Bildfeldern wurde während der Bauzeit nur eines vollendet: Der französische König Heinrich IV. überreicht ein Porträt seiner Geliebten Gabriële d'Estrées dem Fürsten Joachim Ernst von Anhalt. An die legendäre Begebenheit erinnert die herausgehobene Platzierung eben dieses Gemäldes im Gotischen Haus durch den Fürsten Franz. Zwei Fragmente von Glasgemälden zu Seiten des Porträts sollen ebenfalls auf Heinrich zurückgehen, und so erhielt das Zimmer im Neuen Turm des Gotischen Hauses die Bezeichnung »Französisches Kabinett«. Die Gemäldeausstattung im Wohnsitz des Fürsten Franz

◀ *Farbiger Estrich mit Wappen des Fürstentums Anhalt*

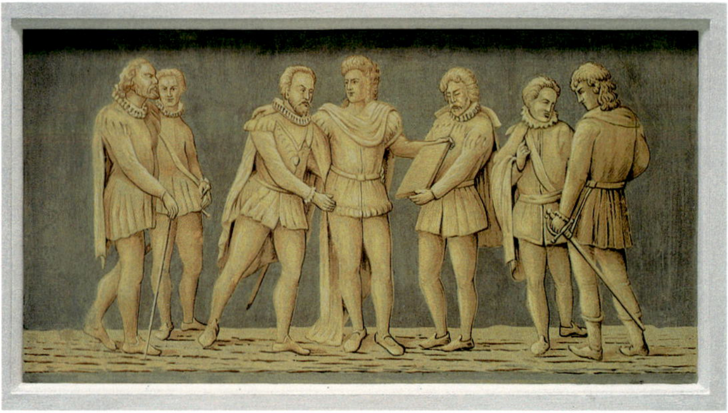

▲ *Der französische König Heinrich IV. überreicht ein Porträt seiner Geliebten Gabrièle d'Estrées dem Fürsten Joachim Ernst von Anhalt. Bildfeld in der Kassettendecke*

reflektiert die verwandtschaftlichen Beziehungen des Hauses Anhalt in vielfältiger Weise. Dabei war die Strahlkraft des französischen Königtums offensichtlich von ganz besonderem Interesse im Traditionsverständnis des Fürsten.

Es ist nicht bekannt, warum Franz die anderen Bildflächen nicht ausmalen ließ. Erst 1925 hat man sie mit Darstellungen aus der anhaltischen Geschichte versehen und dabei wiederum auf die alte Verbindung zu Oranien-Nassau wie zu Brandenburg-Preußen verwiesen. Ein weiteres Motiv zeigt den Fürsten Franz und seine Gemahlin Luise beim Auspacken antiker Skulpturen. Die Bogenfelder der Stirnwände, gebildet durch die Wölbung des Raumes, wurden mit duftigen Malereien geschmückt. Volutenranken, Blumengehänge, Putten und Genien begleiten und rahmen antike Gottheiten. August von Rode erklärt dies:

»Als Symbole der Neigungen und Eigenschaften derer, denen das Denkmal geweihet, sieht man zuoberst in den Gewölbebogen grau in grau auf die Wand… gemalt

Dem Eingange gegenüber: Ceres, Minerva, Diana und Mars, die Vorsteher des Landbaus, der Wissenschaften, der Jagd und des Krieges.
Über dem Eingange: Jupiter, Rhea, Juno und Venus, die Gottheiten der Regierungskunst, bürgerlichen Ordnung, Ehe und Schönheit.«

So verbindet sich die individuelle Würdigung in den Porträtinschriften mit Hinweisen auf allgemeine menschliche und auf Herrschertugenden. Dergleichen Bildideen und Personifikationen, in programmatischer Absicht der antiken Mythologie entlehnt, finden sich auch in anderen Wörlitzer Bauwerken. Während an barocken Höfen Repräsentation und Glorifizierung des Bauherrn häufig dominieren, wird die Gestaltung des fürstlichen Landsitzes von den Idealen einer aufgeklärten Regentschaft bestimmt. Ihre künstlerische Ausprägung erfahren sie im neuen Stil des Klassizismus.

In diesem Zusammenhang stellt sich die Frage nach dem Schöpfer des Monuments. Selbst in jüngeren Publikationen wird kein Name genannt, das Bauwerk kaum ausführlich gewürdigt. Und über viele Jahrzehnte war es nur selten zugänglich. Auch wenn sich das Äußere, seiner auf den ersten Blick amorphen Wirkung wegen, einem Vergleich mit den edel geformten Fassaden der Bauten Erdmannsdorffs entzieht, so wird zumindest im Inneren sogleich ein enger Bezug zur Formensprache dieses Architekten deutlich. **Friedrich Wilhelm von Erdmannsdorff** (1736–1800) verdanken wir zahlreiche architekturgeschichtlich hoch bedeutsame Bauwerke im Gartenreich Dessau-Wörlitz. Da die ersten Baumaterialien für das Monument im Januar des Jahres 1801 angeliefert wurden, liegt es nahe zu vermuten, dass der mit dem Fürsten eng verbundene Architekt die Pläne noch vor seinem Tode fertig stellen konnte.

Nicht allein die baukünstlerische Leistung Erdmannsdorffs verdient, gewürdigt zu werden; geradezu in Erstaunen versetzt die Lösung der bautechnischen Aufgaben, etwa der Versatz zahlreicher großer Findlingsblöcke. Wie es gelang, auf dem Gebäude eine Säule aufzustellen, zeigt in vier Arbeitsphasen eine erhaltene Zeichnung. Bei der Vorbereitung der im Jahre 2006 abgeschlossenen Gebäudesanierung und Restaurierung konnte ein aus der Erbauungszeit herrührendes, im

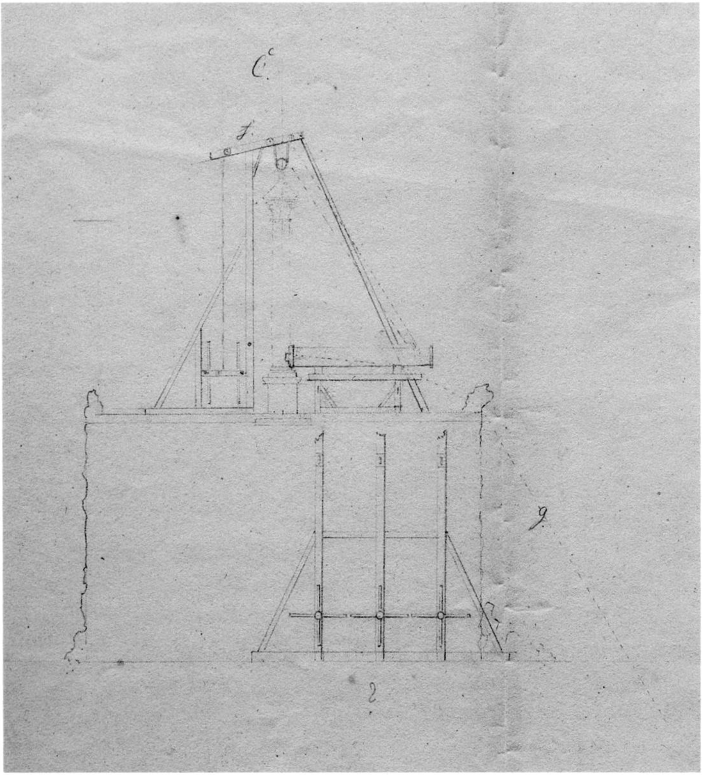

▲ *Ein Plan aus der Erbauungszeit zeigt die Aufstellung der Säule.*

Mauerwerk verborgenes Lüftungssystem entdeckt werden. Nicht mehr funktionsfähig, wurde es jetzt genutzt, um moderne Klimatechnik zu installieren.

Ein schmaler, weiß getünchter Gang, der den Innenraum umschließt, dient ebenfalls solchen bautechnischen Zwecken. Doch gleichzeitig erweckt er Erinnerungen an antike Bauwerke, speziell an Grabanlagen.

Derartige Assoziationen eröffnen sich bei der Betrachtung auch anderer Bauteile des Monuments. Wozu etwa dient die in die Tiefe des Bauwerks führende Rotunde mit ihren Nischen und Natursteinverblendungen, in die man durch ein Fenster hinabblicken kann? Sie ist nicht zugänglich, denn der Eingang weiter oben erweist sich als blind. Wieder liegt der Gedanke an eine antike Grabstätte nahe. Und unmittelbar daneben treffen wir am Wallumgang auf ein Hügelgrab nordischer Prägung, ähnlich wie weiter westlich auf das »Skaldengrab«.

Fast benachbart erinnert das Giebelrelief des Wallwachhauses »Zum Pferde« an ein damals bekanntes römisches Grabmal nahe Tivoli. Die Reisegesellschaft des Fürsten Franz hat den Ort bei Rom während ihrer ausgedehnten Bildungsreise von 1765 bis 1767 ebenso besucht wie zuvor das Grabdenkmal des Ostgotenkönigs Theoderich im oberitalienischen Ravenna. Erdmannsdorff berichtet in seinem Reisejournal ausführlich über den Besuch und unübersehbar ist die Inspiration des Architekten durch Ravenna beim Entwurf einer Grabstätte für den Fürsten Franz und seine Gemahlin Luise auf dem Drehberg, an der Straße zwischen Vockerode und Wörlitz. 1777 wurde die Anlage vollendet, jedoch zu Lebzeiten des Fürsten wieder aufgegeben. Ihre Ruhestätte fanden Luise und Franz schließlich im Turm der Kirche in Jonitz, heute Dessau-Waldersee.

Nachhaltige Eindrücke dürften gleichermaßen monumentale, mehr oder minder ruinöse oder überformte Grabbauten in Rom hinterlassen haben, das Mausoleum des Kaisers Augustus und das später zur Festung Engelsburg ausgebaute Mausoleum Hadrians. An der Via Appia, außerhalb der Stadtmauern, blieben römische Rundgräber ebenfalls erhalten. Das bedeutendste, weithin sichtbare und im 18. Jahrhundert bekannteste ist das der Cecilia Metella. Eine der Darstellungen altrömischer Denkmale an Wänden des Obergeschosses im Schloss Wörlitz galt gerade diesem Monument, dessen charakteristischer Zinnenkranz auf die mittelalterliche Nutzung zurückgeht. Ein Zinnenkranz bekrönt auch das vor dem Himmel dunkel sich abzeichnende Monument auf dem Wörlitzer Elbwall. Sein aus Natursteinen geformtes Äußeres mutet ruinös an, als wären die Wandverkleidungen verwittert oder vom Mauerkern abgefallen.

Über längere Zeit glaubte man, die oben erwähnte Rotunde im Monument sei der in historischen Quellen erwähnte Eiskeller. Doch erst während der jüngsten Arbeiten mit dem Ziel, die ursprüngliche Gestalt der Außenanlagen annähernd zu rekonstruieren, wurde er entdeckt. Der Eingang des sehr gut bewahrten Natursteingewölbes war von Steinen und Erdmassen überdeckt. Selbst die Wasserrinnen im Fußboden und die Sockel für Holzplanken sind noch vorhanden. Vielleicht gehört die Eisküte zu einem Vorgängerbau an dieser Stelle des Elbwalls, von dem wir nur aus einem zeitgenössischen Manuskript Kenntnis haben. Bis weit ins Jahr hinein blieb das im Winter gebrochene, dort aufgeschichtete und mit Strohlagen geschützte Eis für die fürstliche Tafel erhalten.

Fürstliche Tafeln durften übrigens die bereits bei den Römern begehrten Austern nicht missen. Eine große Zahl ihrer Schalen bedecken die Rückwand einer Grotte des Monuments und die Rahmen zweier dort angebrachter Spiegel. Wird mit der Muschel, wie häufig in Kunstwerken, auf Aphrodite/Venus angespielt? Denn die Göttin des Liebreizes, des Liebesgenusses und der Fruchtbarkeit ist aus dem Schaum des Meeres geboren. Solche Gedankenverbindungen mögen nicht abwegig erscheinen, wenn man bedenkt, dass August von Rode bei der Beschreibung von Nachbildungen ägyptischer Skulpturen im Pantheon ausdrücklich bemerkt, der Sinn liege darin, *»durch Darstellungen jener Einbildungswesen, wodurch die Ägypter sich die Wohlthaten und Verheerungen des Nils versinnlichten – auf die Elbe anzuspielen…«* Beide Gebäude sind in den Hochwasserwall hineingebaut, und häufig bietet sich hier das überaus eindrucksvolle Erlebnis, über weite Wasserflächen zu blicken. Für die »Höhle« im Monument gibt August von Rode keine Interpretation, sondern verweist schlicht auf den Überraschungseffekt, dergestalt, dass in den Spiegeln *»sich die vorliegende Landschaft wiederholt – lebendige, reizende Landschaftsgemälde!«*

In den vielgestaltigen, ständig wechselnden Bildern des Wörlitzer Gartens sind die Werke der Architektur wesentliche Bezugspunkte. Der Blick fällt auf sie aus der Ferne oder der Nähe, aus einer Untersicht oder von erhöhtem Standpunkt aus, so auch auf das Monument auf dem Hochwasserwall. Von der Elbfähre her kommend, ist das Bauwerk bei

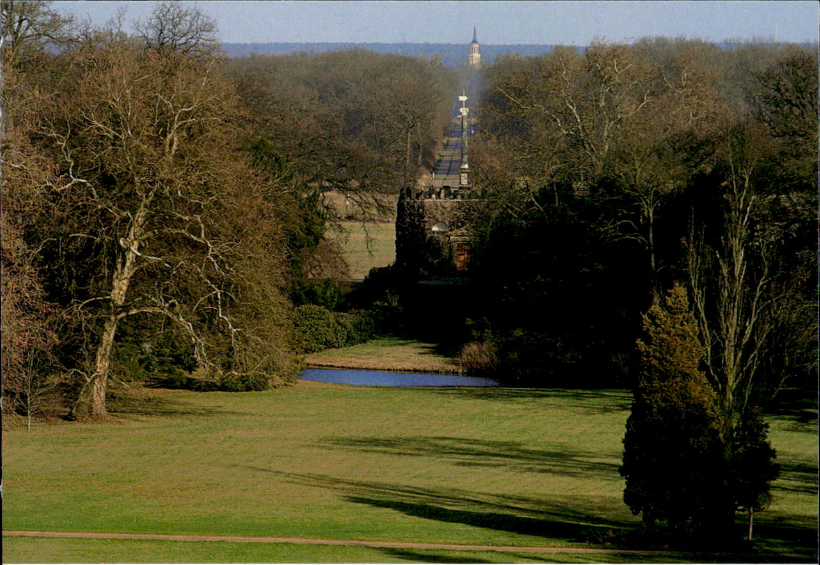

▲ *Sichtbeziehung vom Schloss über das Monument zum Coswiger Kirchturm*

klarem Wetter schon von weitem erkennbar, und überraschenderweise in gleicher Höhe das Belvedere des entfernt liegenden Schlosses. Von dort aus wiederum erblickt man das säulenbekrönte Monument über den See hinweg, dahinter die Coswiger Chaussee und schließlich den Kirchturm des Ortes jenseits der Elbe.

Auf diese Sichtachse weist bereits August von Rode hin und er erwähnt auch die Treppe, die zur Aussichtsplattform auf dem Monument hinaufführt – wieder eine Parallele zum Grabmal der Cecilia Metella. Die Säule, aus dem ersten Jahrhundert nach Christus stammend, in Italien erworben, gelangte auf dem Wasserwege, zuletzt elbaufwärts, nach Wörlitz. Am 16. Juni 1804 war sie aufgerichtet. Zuvor musste eine Basis aus Marmor angefertigt werden und aus Sandstein ein Postament. Flachreliefs vom Hofbildhauer Hunold bedecken dessen Seiten, weibliche Allegorien der vier Jahreszeiten, wie so oft nach antiken Vorlagen geschaffen. Gemeinsam mit der Inschrift unter dem Relief des Sommers »*mögen stunden und jahreszeiten stets das nöthige gewähren*«

spielen sie sinnbildlich auf den Erfolg verantwortungsvollen fürstlichen Denkens und Handelns an. So ist schließlich auch die Säule, auf der sich eine Wetterfahne mit anhaltinischem Wappen im Winde dreht, als widrigen Umständen standhaltendes Wahrzeichen zu verstehen. Mit der Beschwörung der Antike und ihrer imperialen Relikte – die Assoziation Ehrensäulen des Forum Romanum liegt nahe – betont Franz von Anhalt-Dessau, der Senior unter den Herrschern Anhalts, demonstrativ Anspruch und Tradition eines weit in die Vergangenheit zurückreichenden Geschlechtes.

Literatur

August von Rode: Das Gothische Haus nebst anderen Ergänzungen der Beschreibung des Herzoglichen Landhauses und Gartens zu Wörlitz, Dessau 1818, S. 72–76

Wilhelm Hosäus: Wörlitz. Ein Handbuch für die Besucher des Wörlitzer Gartens und der Wörlitzer Kunstsammlungen, 3. Aufl., Dessau 1902, S. 54–56

Adolph Hartmann: Der Wörlitzer Park und seine Kunstschätze, Berlin 1913, S. 96–98 (Nachdruck: Dessau 1991)

Marie-Luise Harksen: Die Kunstdenkmale des Landes Anhalt, Bd. 2, 2: Stadt, Schloss und Park Wörlitz, Burg 1939, S. 172–175 (Nachdruck: Halle 1997)

Kulturstiftung DessauWörlitz

Wörlitz
Bundesland Sachsen-Anhalt
Kulturstiftung DessauWörlitz, Schloss Großkühnau, 06846 Dessau
Tel. 0340/646 15 41 · Fax 0340/646 15 10 · www.gartenreich.com

Herausgeber: Kulturstiftung DessauWörlitz

Aufnahmen: Bildarchiv der Kulturstiftung DessauWörlitz (Foto: Heinz Fräßdorf). – Seite 11: Anhaltinische Gemäldegalerie Dessau, Graphische Sammlung. – Seite 15: Dr. Reinhard Alex, Wörlitz.

Druck: F&W Mediencenter, Kienberg

Rückseite: *Stirnwand des Innenraums*
Titelbild: *Ansicht des Monuments von Süden*

Wetterfahne mit anhaltinischem Wappen auf der Säule ▶